This journal belongs to:

Todays Scripture

Todays Scripture

Todays Scripture

Todays Scripture

Todays Scripture

Todays Scripture

Todays Scripture

Todays Scripture

Todays Scripture

Todays Scripture

Todays Scripture

Todays Scripture

Todays Scripture

Todays Scripture

Todays Scripture

Todays Scripture

Todays Scripture

Todays Scripture

Todays Scripture

Todays Scripture

Todays Scripture

Todays Scripture

Todays Scripture

Todays Scripture

Todays Scripture

Todays Scripture

Todays Scripture

Todays Scripture

Todays Scripture

Todays Scripture

Todays Scripture

Todays Scripture

Todays Scripture

Todays Scripture

Todays Scripture

Todays Scripture

Todays Scripture

Todays Scripture

Todays Scripture

Todays Scripture

Todays Scripture

Todays Scripture

Todays Scripture

Todays Scripture

Todays Scripture

Todays Scripture

Todays Scripture

Todays Scripture

Todays Scripture

Todays Scripture

Todays Scripture

Todays Scripture

Todays Scripture

Todays Scripture

Todays Scripture

Todays Scripture

Todays Scripture

Todays Scripture

Todays Scripture

Todays Scripture

Todays Scripture

Todays Scripture

Todays Scripture

Todays Scripture

Todays Scripture

Todays Scripture

Todays Scripture

Todays Scripture

Todays Scripture

Todays Scripture

Todays Scripture

Todays Scripture

Todays Scripture

Todays Scripture

Todays Scripture

Todays Scripture

Todays Scripture

Todays Scripture

Todays Scripture

Todays Scripture

Todays Scripture

Todays Scripture

Todays Scripture

Todays Scripture

Todays Scripture

Todays Scripture

Todays Scripture

Todays Scripture

Todays Scripture

Todays Scripture

Todays Scripture

Todays Scripture

Todays Scripture

Todays Scripture

Todays Scripture

Todays Scripture

Todays Scripture

Todays Scripture

Todays Scripture

Todays Scripture

Todays Scripture

Todays Scripture

Todays Scripture

Todays Scripture

Todays Scripture

Todays Scripture

Todays Scripture

Todays Scripture

Todays Scripture

Todays Scripture

Todays Scripture

Todays Scripture

Todays Scripture

Todays Scripture

Todays Scripture

Todays Scripture

Todays Scripture

Todays Scripture

Todays Scripture

Made in the USA
Coppell, TX
06 November 2026

11491038R00072